참 재미없는 세상

신동필 사진·글

참 재미없는 세상

홍
성
사.

차 례

저는 한 방송국에서 프로듀서로 일하고 있습니다. 방송국에서 일하다 보면 저마다 사연을 지닌 분들의 출연 신청을 받습니다. 수북이 쌓인 사연들 중 하나를 채택하기란 결코 쉽지 않은 일입니다. 그런데 어느 날 동생과 식사를 하다가 동생의 휴대폰에 담겨 있는 사진과 글을 보았습니다. 순간, 감춰져 있는 사진과 글을 세상에 꺼내어 사람들과 함께 나누면 좋겠다는 생각이 들었습니다. 저는 동생에게 출판사로 원고를 보내 보라고 권유했고, 감사하게도 얼마 뒤 출간이 결정되었다는 소식을 전해 들었습니다.

동생의 사진과 글을 보는 제 마음은 이중적이었습니다. 먼저, 동생이 겪었을 고통을 생각하니 몹시 가슴이 아팠습니다(제 동생은 오랫동안 병과 힘겨운 싸움을 하고 있습니다). 그렇지만 마음 한 켠에는 기쁨이 있었습니다. 사용하는 언어와 일상의 순간을 잡아내는 방식이 전혀 상투적이지 않았고, 그 새로움을 통해 독자로서 큰 위로를 받았기 때문입니다.

제 마음을 울린 글 한 편을 소개합니다.

내 가슴에 박히고
네 가슴에 박았던
못들을

주님 모두 뽑아 주시어
당신 몸에 박으셨네요.
_ 14, 15쪽

지금 삶 가운데서 고난받고 있는 분들이 계시다면,
부디 이 책을 통해 주님 주시는 참 위로와 기쁨을 얻게 되시기를 바랍니다.

아픈 동생을 생각하며,
참 좋으신 하나님을 생각하며,
감사한 마음으로 이 글을 씁니다.

2016년 9월
신동주
(CBS 기독교방송 프로듀서)

1부

바람이 멈춘 자리

회색 비닐 닮은 하늘.
금방이라도 찢어질 듯 힘겹게 빗물 받치고 있는
슬픔 가득 찬 오후.
그 무게 감당치 못해 결국 찢어졌습니다.

사람에게 상처받고 또 사람을 그리워하네요.

주님, 저 또 힘들어요.

주님 원치 않으시는 마음들이
소리 없이 자라나 하늘을 찌르려 하네요.

내 가슴에 박히고
네 가슴에 박았던
　　　못들을

주님 모두 뽑아 주시어
당신 몸에 박으셨네요.

Delete 키를 보니
지우고 싶은 기억들이 떠오릅니다.
클릭 한 번으로 그렇게 될 수 있다면 얼마나 좋을까….

잊고 싶어요.

혼들리려 합니다.

다음 날 아침
눈뜨지 않기를 기도했습니다.

그것은 응답받지 못한
단 하나의 기도였습니다.

저를 외면하셨습니다.
저를 사랑하셨습니다.

다 지나온 줄 알았습니다.
어두운 터널 지나고
머나먼 길을 왔는데
이 길을 또다시 가야 하나요.

주저앉아 울고 싶지만
한 방울 한 방울 떨궈 놓으신
주님의 핏자국 보면서
길 잃지 않고 따라갈게요.

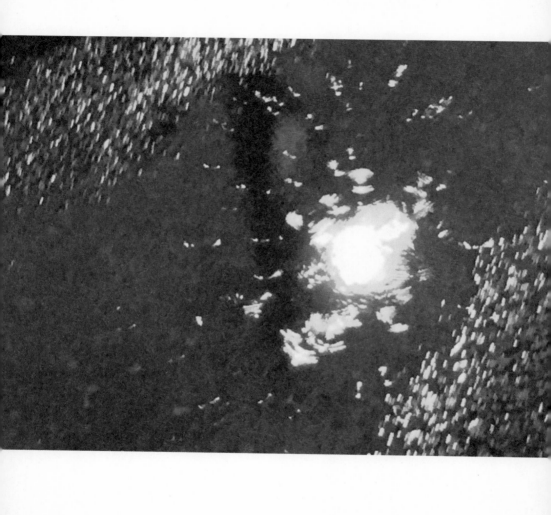

마음에 비가 내립니다.
그치지를 않습니다.
장마인가 봅니다.

주님 나를 보고 계시는데
안 나가고 버팁니다.

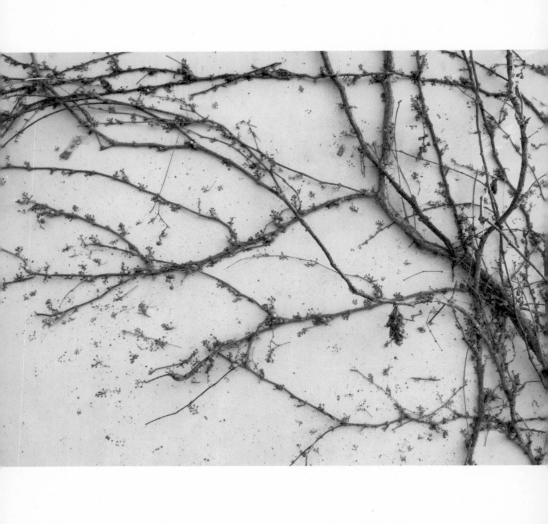

얽히고설킨 하루.
오늘은 이해할 수 없는 조각이네요.

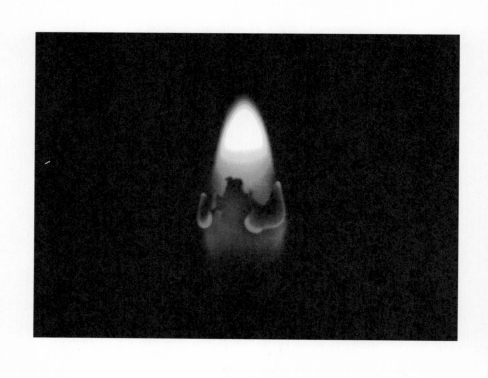

꺼져 갈 때,
기도할 때.

정말 아픈 건
그냥 가슴에 묻어 둘게요.

눈을 감고 싶지만
다시 떠야 합니다.
지으신 이가
고치실 것입니다.

세상의 헛된 것들
또 잡으려 애씁니다.

세상 명함 돌리니
밀물같이 몰려왔다
썰물같이 떠납니다.

콕 찌르면
펑 터져 버려
눈물이
빗물 되어
쏟아질 것 같은….

혀의 가시,
얼마나 아픈지 알고 있나요.

휴대폰을 들면 바람이 불고
내려놓으면 멈추고….
가만히 있지를 않습니다.
참 많이 흔들립니다.

기도의 자리

"어디 계세요?"
견디다 못해 주저앉을 때
늘 함께하시는 주님
나를 다시 안아 주십니다.

2부

참 재미없는 세상

저의 생활이 건조해 보이나 봅니다.
제가 보아도 그렇습니다.

이제 이 세상에는
재미있는 게 아무것도 없습니다.

그래서 감사합니다.

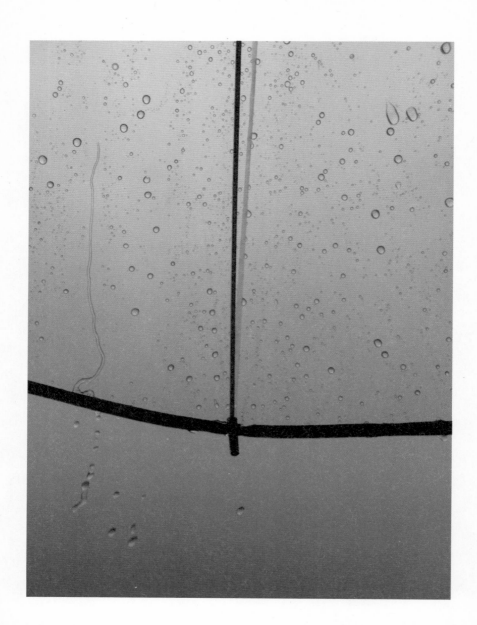

주님을 생각하면 눈물이 납니다.
받은 사랑 전하게 하소서.

늦은 점심을 먹고 나와
하늘을 바라봅니다.
투명 우산 위로 빗물이 떨어집니다.
안간힘 다해 매달려 있던 눈물이 떨어집니다.

비바람 몰아쳐도
이 길의 끝을 생각합니다.

아주 잠시 머물 집으로 가는 길에
영원히 거할 나의 집을 바라봅니다.

기다림.

가장 좋은 것
가장 좋은 때에 주시려고
언제나 기다리신 분은
제가 아닌 주님이셨습니다.

힘들어 기도의 끈을 놓았습니다.
그래도 사랑의 끈은 조여 옵니다.

나조차 나를 사랑하지 않는데
주님은 왜 이런 저를 위해 죽으셨나요.

굳게 걸어 잠근 마음의 문,
당신의 사랑으로만 열 수 있습니다.

잘 죽으려면 잘 살아야 합니다.
잘 살려면 매일 죽어야 합니다.

그리움의 끝은 영원한 만남입니다.

차창의 코팅.
우리 마음에도 한 장씩 붙여야겠습니다.

오늘의 날씨, 흐려도 맑음.

소명이 나의 아침을 깨웁니다.

외마디 신음도 듣고
위로하시는 주님.
호흡하는 순간마다
동행하심을 생각합니다.

주님이 건네주신 하얀 손수건.
참된 위로는 위로부터 옵니다.

끝 날을 생각하며 오늘을 살게 하소서.

사람들이 아프게 합니다.

공의의 하나님을 바라봅니다.
마음속 깃든 구름
서서히 걷혀 갑니다.

주님 한 분이면 충분합니다.

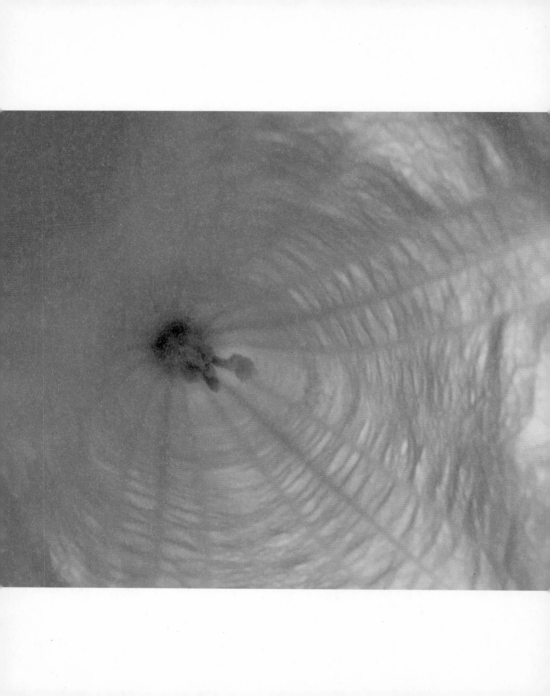

마음의 중심

쉽게 볼 수 없는 보름달.
귀한 것은 나름대로 이유가 있겠지요.

당신의 사랑, 정과 끌 되어
나의 모난 곳 다듬어 주네요.

날다 지치면…?
주님 계시니 걱정 없습니다.

기다 지치면 걸어갈게요.
걷다 지치면 뛰어갈게요.
뛰다 지치면 날아갈게요.

3부

마지막 첫 고백

모든 염려 주께 맡긴 꽃을 보았습니다.

새싹은 알고 있을까요?
푸르디푸른 숲이 되리란 것을….

'함께'라는 봄

가위바위보.
가위도 싫고 바위도 싫습니다.
보만 내는 세상이면 얼마나 좋을까요.
저는 보를 낼게요.
계속 비겼으면 좋겠습니다.

가위로 마음에 상처를 냅니다.
꼭 쥔 두 주먹 나눔이 없네요.
마음의 손을 펴 사랑을 내게 하소서.

노랗게 멍든 가슴가슴마다
따뜻한 사랑의 빛 비추소서.

세월호 아이들을 생각하며….
공장 앞마당에서 페인트를 섞다가
아픈 노랑과 한 줄기 빛을 보았습니다.

마음속의 말, 사랑한단 말
지금 부쳐요. 더 늦기 전에.

I LOVE (   )

주전자를 들고 가시는 어르신 한 분.
고단한 삶의 흔적 잔뜩 묻은 줄도 모른 채
그저 묵묵히 가던 길을 가십니다.

어느 지하철역 지하도.
때마침 한 사람이 걸어오고 있습니다.
나의 모습 닮은 그분,
어두운 터널 잘 지나가시기를 바랍니다.

사람은 믿음의 대상이 아니라는 것.
사람은 단지 사랑할 대상이라는 것.

기나긴 새벽,
잘 견뎌 냈어요.

힘내요, 당신.

잠시 쉬었다가 다시 달려요.

블라인드 사이로 햇살이 놀러 와

따뜻한 히터를 틀었네요.

비 오는 출근길 버스 안.
창가에 앉아 사랑 하나를 그려 봅니다.
지나가는 차들이 브레이크 등으로 예쁘게 색칠해 줍니다.
제 마음에도 사랑비가 내리기 시작합니다.

사랑하니 모든 노래
나의 이야기가 됩니다.

사랑하니 모든 사람
나와 같은 사람입니다.

사람이 꽃보다 아름다운가요.
꽃만큼만 사람을 예뻐해 줘요.
사람도 꽃처럼 피어날 거예요.

허락하신 이 하루가,
사랑하는 이 순간이 기적입니다.

매일 밤 울었습니다. 깨어나지 않기를 바랐습니다.
흥건히 젖은 베개가 볼을 적셔 아침의 시작을 알려 줍니다.
'언제쯤 끝이 날까. 끝이 있기는 한 걸까….'
많이 두려웠습니다.

버텼습니다. 인간적인 오기로 참 오랜 시간을 버텼습니다.
그러다가 스스로와의 싸움이 가장 치열해질 때쯤 주님을 만났습니다.
저를 찾아와 주신 그분의 은혜에 한없는 감사를 드립니다.

모든 것이 바뀌었습니다.
제게 일어나는 모든 상황과 환경이 고통에서 감사로 변했습니다.

그런데….
'아, 이제 나는 되었다.
주님의 모습을 닮게 되었구나.
주님의 향기를 내게 되었구나.'

숨죽이고 있던 교만이 모습을 드러내자 그간 드렸던 감사와 찬양이 사라지고 불신앙으로 가득 찬 예전의 모습으로 돌아갔습니다. 아버지는 돌아온 둘째 아들을 위해 잔치를 열어 주셨는데, 저는 또다시 집을 나가 세상과 벗하며 살았습니다.

그러나 주님은 죄인 중의 괴수인 저를 놓지 않으셨습니다. 절망과 자책을 반복하던 저를, 성령님은 책망하심과 도우심으로 다시 주만 바라보게 하셨습니다.

이제는 조금씩 알아 갑니다.
주님께는 주권이, 내게는 순종만이 있음을….
주님의 열심과 일하심만을 잠잠히 바라봅니다.
아직도 병과 싸우고 있지만 지으신 이가 고치실 것임을 믿습니다.
그리 아니하실지라도 받은 은혜가 넘칩니다.

믿음이 작을 때의 고백이라는 생각이 들어서인지 책으로 낸다고 할 때 부끄러워 망설였습니다. 하지만 지금 돌아보니 주님은 그때의 첫사랑, 그 믿음을 더 그리워하시는 것 같습니다.

사랑하는 가족의 영혼과 육신의 강건함을 위해 간절히 기도합니다. 이 세상 어떤 말로도 다 표현할 수 없는 미안함과 사랑의 마음을 함께 전합니다. 이 책이 나오기까지 주 안에서 함께해 주신 홍성사 가족 여러분과 기도로 함께해 주신 모든 형제자매님께 깊은 감사를 드립니다.

오직
주만 의지합니다.
주만 경외합니다.
주님 홀로 영광받으소서.

2016년 9월
신동필

참 재미없는 세상
Turn to God

2016. 8. 30. 초판 1쇄 인쇄
2016. 9. 6. 초판 1쇄 발행

지은이 신동필
펴낸이 정애주
국효숙 김기민 김의연 김준표 김진원 박세정 박혜민
송승호 오민택 오형탁 윤진숙 이한별 임승철 임진아
정성혜 조주영 차길환 한미영 허은
펴낸곳 주식회사 홍성사
등록번호 제1-499호 1977. 8. 1.
주소 (04084) 서울시 마포구 양화진4길 3
전화 02) 333-5161
팩스 02) 333-5165
홈페이지 www.hsbooks.com
이메일 hsbooks@hsbooks.com
페이스북 facebook.com/hongsungsa
양화진책방 02) 333-5163

ISBN 978-89-365-1180-7 (03230)